Franklin und das Baby

Lingoli

FRANKLIN hatte zwar wunderbare Eltern und liebevolle Großeltern, aber Geschwister hatte er keine. Oft dachte er darüber nach, wie es wohl wäre, ein großer Bruder zu sein und ein kleines Baby in der Familie zu haben. Einige Male beobachtete er im Park Geschwister, die miteinander spielten. Doch es sollte nicht mehr lange dauern, bis er selbst aus nächster Nähe erleben sollte wie es ist, ein großer Bruder zu sein, denn Bärs Eltern sollten in Kürze ein Baby bekommen.

Franklin, Bär und Schnecke sitzen zusammen, um ihr Pausenbrot zu essen. Bär hat zwei Pausenbrottaschen voller Kekse, Muffins und Brownies dabei.

„Toll, Bär!“, sagt Franklin. „Dein Pausenbrot sieht aber gut aus.“

„Das habe ich mir selbst eingepackt“, sagt Bär stolz.

Franklin ist überrascht und schaut Bär fragend an.

„Meine Mama und mein Papa waren damit beschäftigt, das Kinderbett zusammenzubauen“, erklärt Bär. „Ich habe auch schon mein Frühstück selbst gemacht. Wenn du ein großer Bruder bist, dann musst du mehr Dinge einfach selber machen.“

„Bist du denn jetzt ein großer Bruder?“, fragt Franklin.

„Noch nicht, aber schon sehr bald“, sagt Bär.

„Bist du aufgeregt?“, fragt Schnecke neugierig.

„Das kann man wohl sagen“, antwortet Bär. „Mein Papa sagt, dass wir wahrscheinlich Etagenbetten bekommen, wenn das Baby für das Kinderbett zu groß geworden ist!“

Franklin findet, dass Bär ein echter Glückspilz ist.

Am nächsten Tag in der Schule wippen Bär, Franklin und Schnecke in der Pause. Bär spricht fast nur noch von dem Baby.

„Ich werde bei Franklin wohnen, wenn das Baby kommt", erzählt er Schnecke.

„Woanders übernachten!", ruft Schnecke begeistert. „Ich wünschte, meine Mama bekäme ein Baby."

„Ich wünschte, meine auch", sagt Franklin. „Wenn du ein großer Bruder bist, dann hast du immer jemanden zum Spielen."

„Ja", sagt Bär. „Das wird lustig werden!"

Als Franklin und Bär aus der Schule kommen, wartet Franklins Mama an der Bushaltestelle auf sie. Unter ihrem Arm trägt sie ein Kissen.

„Was hast du mit dem Kissen vor?“, möchte Franklin wissen.

„Das Kissen gehört Bär“, antwortet sie.

„Rate mal, wer heute bei uns übernachtet.“

Bärs Augen leuchten. „Kommt das Baby?“

Franklins Mama nickt.

„Hurra!“, rufen Franklin und Bär. Sie springen vor Freude in die Luft und klatschen sich in die Hände. „Das Baby kommt!“

Franklins Mama fragt Bär, was er zu Abend essen möchte. Bär kann sein Glück kaum fassen.

„Ich werde ein großer Bruder. Ich übernachte bei meinem besten Freund. Und ich bekomme Pfannkuchen mit Blaubeeren!“

Auch Franklin ist glücklich. Doch wenn er ehrlich ist – ein ganz klein bisschen neidisch ist er auch.

„Mann“, sagt er. „Es passieren so viele tolle Dinge, wenn man ein großer Bruder ist.“

Franklin und Bär dürfen heute ausnahmsweise etwas länger aufbleiben. Sie denken sich ein Puppenspiel aus. Es handelt von einem großen Bruder, der seinen kleinen Babybruder aus einer Drachenhöhle befreit. Bär spielt den großen Bruder und Franklin spielt den Drachen.

Später versuchen sie einzuschlafen, aber sie sind immer noch hellwach, als Franklins Eltern hereinkommen, um ihnen die tolle Nachricht zu überbringen.

„Bär, du hast eben ein Schwesterchen bekommen!“, berichtet Franklins Mama.

„Wow, jetzt bist du wirklich ein großer Bruder“, sagt Franklin.

Bär sieht aus, als wolle er vor Stolz platzen.

„Das ist der schönste Tag in meinem Leben!“, sagt er.

A B C
1 2

Ein paar Tage später stattet Franklin Bär einen Besuch ab. Er möchte unbedingt Bärs kleine Schwester sehen. Bär sitzt auf der Treppe vor dem Haus.

„Warum spielst du nicht mit deiner Schwester?“, fragt Franklin verwundert.

„Sie ist zu klein und sie schläft die ganze Zeit“, seufzt Bär. „Ein großer Bruder zu sein macht nicht so viel Spaß, wie ich dachte.“

Franklin ist überrascht. „Darf ich sie sehen?“, fragt er.

„Nur wenn du mir versprichst, ganz leise zu sein“, antwortet Bär.

„Ich soll eigentlich nicht in ihr Zimmer gehen, wenn sie schläft.“

Franklin verspricht, mucksmäuschenstill zu sein.

Bär bringt Franklin in das Zimmer seiner Schwester. Auf Zehenspitzen schleichen sie sich an das Kinderbett.

Das Baby schläft tief und fest.

Franklin findet, dass sie klein aussieht und gut riecht.

„Oh“, flüstert er. „Was ist denn das für ein Spielzeug?“

Franklin streckt den Arm aus und berührt das Mobile über dem Kinderbett. Es beginnt sich zu drehen und eine Melodie zu spielen.

„Oh nein“, sagt Bär. „Sie wird aufwachen!“

Bärs kleine Schwester öffnet zunächst das eine Auge, dann das andere.

„Bitte weine nicht“, flüstert Bär.

Das Baby blinzelt und holt tief Luft. „Uääähh“, schreit es.

Franklin erschrickt.

„Komm, wir gehen besser“, sagt Bär.

Aber sie kommen nicht weit. In der Tür steht schon Bärs Mama.

„Was habt ihr beiden hier zu suchen?“, fragt sie.

„Ich wollte Franklin nur das Baby zeigen“, antwortet Bär kleinlaut.

„Ich verstehe“, sagt Bärs Mama, „aber wir sollten versuchen, sie nicht zu stören, solange sie schläft.“

Bärs Papa kommt herein und nimmt das Baby aus dem Bettchen. „Na, na“, sagt er, als er das Baby in seinen Armen wiegt. „Es ist ja nichts passiert.“

Bär ist niedergeschlagen. „Ich mache aber auch alles falsch“, sagt er verzweifelt.

„Ein großer Bruder zu sein ist schrecklich!“

Franklin kann nicht glauben, was er da hört. Verwundert schaut er Bär an. Ein großer Bruder zu sein sollte doch eigentlich etwas Besonderes sein.

Bär sieht seine Eltern an. „Seit das Baby da ist, bin ich euch egal."

Bärs Mama nimmt ihn in den Arm. „Du wirst uns niemals egal sein. Aber wir hatten eine Menge zu tun", erklärt sie. „Babys brauchen viel Aufmerksamkeit."

„Wir haben uns auch viel um dich gekümmert, als du noch ein Baby warst", fügt sein Papa hinzu.

„Habe ich auch die ganze Zeit so geschrien wie sie jetzt?", fragt Bär.

„Natürlich", antwortet seine Mama liebevoll. „Das tun alle Babys. Damit wollen sie ihrer Familie sagen, dass sie etwas brauchen."

„In ein paar Wochen wird sie schreien, wenn sie ihren großen Bruder sehen will", sagt Bärs Papa. „Du wirst sehen."

„Wirklich?", fragt Bär. Bei dem Gedanken muss er lächeln.

Beim nächsten Mal, als Franklin Bär besucht, hat sich schon einiges verändert. Als seine Schwester anfängt zu schreien, nimmt Bär die Rassel und schüttelt sie. Das Baby beruhigt sich ganz schnell und gluckst leise.

„Oft schreit sie nur, weil sie spielen will", erklärt Bär Franklin, „dann nehme ich die Rassel oder ich gebe ihr ein Spielzeug."

„Du kennst dich ja ziemlich gut mit Babys aus", stellt Franklin fest.

„Möchtest du das Baby mal in den Armen halten, Franklin?“, fragt Bärs Papa.

„Darf ich denn?“, fragt Franklin aufgeregt.

Franklin sitzt im Schaukelstuhl und hält den Atem an, als Bärs Papa ihm das Baby in die Arme legt.

Bär zeigt ihm, wie er es richtig halten muss.

Franklin wiegt das Baby für ein paar Minuten sanft in seinen Armen.

„Bär, ich habe deine kleine Schwester wirklich gern“, sagt er.

Das Baby strahlt Franklin mit großen Augen an.

„Siehst du, sie hat dich auch gern", sagt Bär. „Du bist mein bester Freund. Das macht dich auch zu ihrem besten Freund."

Franklin findet, Bärs kleiner Schwester ein bester Freund zu sein, ist fast so wie ein großer Bruder zu sein – und genauso besonders.

Mit den Franklin Büchern die Welt entdecken ...

Weitere Softcover in dieser Reihe:

Art.-Nr. 49702

Art.-Nr. 49704

Art.-Nr. 49703

Art.-Nr. 49705

Art.-Nr. 49701

Art.-Nr. 49700

Und auch als Hardcover ...

Art.-Nr. 49753
ISBN 978-3-938323-71-7

Art.-Nr. 49752
ISBN 978-3-938323-70-0

Art.-Nr. 49750
ISBN 978-3-938323-68-7

Art.-Nr. 49751
ISBN 978-3-938323-69-4

www.lingoli.de